장편 서사시

백두산

이종석

도서출판 교원사

逐鹿子不見山

차례

1부 백두산   5

2부 천지   19

3부 삼각지 외인부대   47

1부

백두산

1
멀리 보이는 저쪽이
아득히 보이는 곳이 고향
그 무슨 무슨 線 때문에
가지를 못하고
임진각의 철책을 붙들고
소리 없이 통곡한다
내 빠른 걸음걸이
걸어서도 몇 시간이면 갈 수 있는
고향, 고향, 고향…….
내 고향
아버님이 묻혀있는 柳川理
판문점을 지나서
장단을 지나서
소위, 군사분계선을 지나서
지금 막 달려갈 수 있는 고향
그런데 어느 누가 끊어놨기에,
잘라 놓았기에
내 나라 내 땅을 마음대로
갈 수 없단 말이냐?

2
50代 이제 나이 들어 찾고 보니
감회는 더욱 새로워 울고 싶은
심정은 왠 말인가
지금 철마는 원 없이 달리고 싶다고 한다
 그러나 철마는 달리고 싶어도

달리지 못하고
저 끊어진 두 철교는 민족상잔의
아픔만을 토해놓고 있다
한민족을 두 뿌리로 갈라놓은
원흉은 누구냐?

3
그 말라깽이 낡은 이데올로기가 대체
무엇이란 말인가?
그 잘난 출세, 그 잘난 회전의자
이런 것들이, 이런 따위가
통일을 가져올 수 있단 말인가?
1*4 후퇴 때
그 추운 겨울
꽁꽁 언 강을 타고서
고향 땅 개성에서 강화도를 건너
김포평야까지 소를 끌고 피난 오셨던
숱한 친척들
지금쯤 고향에 살아계신 분
누구 누구?

1*4 후퇴 때
서울에서 병석의 노모님 지게에 지고
하얀 눈 덮인 마포 강을 건너시던
외삼촌은 지금쯤 살아계실까?
피난살이의 불편함을 견디다 못하여
다시 고향으로 돌아가신 분

4
아, 통일, 통일, 통일
임진강 민들레 꽃씨
통일(統一)은 하루 속히 돼야만 하겠다
땅덩어리는 조그마해도
그 두뇌, 그 성실, 그 부지런함으로
세계 올림픽도 개최했었는데
둘이 아닌 하나로
통일만 된다면 이 나라가
아시아의 최강국이 될 것은 자명한 이치

5
소련(蘇聯)의 공산주의가 붕괴되고
아, 이상과 현실간의 단절 속에서
적성국가였었던 소련과 중공(中共)과
부다페스트 국가들과도
지금 친선을 맺고 있는 이 시점에서
시인(詩人)은 청소년 시절
6*25나 1*4 후퇴 때
피난을 못 가고
그들의 붉은 사회 속에서 3개월간 고난에 찬
상황이 되살아난다
낮에는 연합군의 비행기 기총사격 무서워서
대문 밖도 나가지 못했지
밤이면 달구지로 활동하던 중공군
남으로, 남으로 피난을 나가서
온 마을이 텅텅 비었을 때

아침 굴뚝에서 모락모락 연기
피어 오르는 것을 발견하고
사람이 사는 줄 알고 달려왔지

6
이제 그만, 이제 그만
막아 논 물꼬를 너도 나도 트자
북에 고향을 둔 사람 바라보는
휴전선 시각은 천양지차
북에 고향 둔 사람
휴전선 철조망 원망하는 소리
두렵지 않은가?
남에 고향을 둔 사람 바라보는
휴전선의 시각은 천양지차
약소민족의 굴레를 벗어나
통일의 피리를 불어도 춤추지 않는
허리 잘린 나라에서
돌아가신 맏형은
말을 타고서 임진강을 건너
아현동 우리 집을 오신 일이 있었지

7
우리들의 소원은 통일
詩人의 소원은 통일
지금도 나의 눈에는 선하다
내 어렸을 적 어머님의 손목을

붙잡고 기차를 타고 고향을 가던 생각
지금은 끊어진 다리 그대로
방치돼 있는
저, 임진강 철교를 달리던 생각

8
사발 그릇 깨어지면
두 세쪽이 나지만
휴전선이 깨지면 하나가 되는
이 진리를 너희들은 아는가?
아암! 휴전선은 깨지고 말고……
휴전선은 깨져야 마땅하리
피를 토하듯 울어예는
뻐꾸기의 이유를……
저 뻐꾸기 울음소리를
한양에서도
평양에서도
개성에서도
울어 울어예는 저 소쩍새 울음소리
귀 기울여 보라

9
원한의 휴전선
어서 어서 홍수처럼 터져라
그리하여 좁은 이 땅에서
과밀인구로

길거리를 다닐 수 없을 정도로
사람이 발길에 채이는
이 좁은 영토가 아니게끔
편편히 놀고 있는 휴전선

그 넓은 땅을 활용하자 활용해……
한민족아
약소민족의 슬픔아
정신을 가다듬자

그 좋은 머리 다 어디로 갔는가?
슬기가 어디로 사라졌는가?
인생의 참뜻이 무엇인가?
인생의 참뜻이 거품이 돼

임진강물에 흘러갈 것이냐?
여름철 장맛비에 흙탕물이 된
한탕강물처럼 한탄만 할 것이냐

아, 하늘
땅, 산천초목
간구하나니 어서 통일이 돼야만
하겠다. 하겠다. 하겠다

10
시인의 바람에 날리는 코트자락
뜨겁게, 뜨겁게 통일의 바람

흰 머리카락 더 늘기 전에
통일되는 것을 보고
'통일노래' 불러야겠다
이제 더 이상의 거짓말쟁이
고무풍선을 부풀리지 말고
고무풍선을 터뜨려버리자
독사의 요설 같은 사기로
늬들 배만 불리기냐?
먹고, 먹히고, 갉아먹는 이 풍토
먹히기만 하는 이 민초들
고난의 역사
수난의 역사여 그만 멎으라
그리하여
당리당략, 망국의 정치싸움 그만하자
고래싸움에 새우등 터지는 민초들
언제까지 당하기만 할 것인가?

11
전략무기의 등장
미국의 미사일 제조공장
스웨덴의 대공 미사일 기지
풍요와 빈곤의 공존
현대세계가 해결해야 할 심각한
문제의 하나는 남북문제
사람들은 그들의 사라진 꿈과
전쟁터에서 죽어간 그들의 아들들을
위해 눈물을 흘렸다

그들은 말하기를
전쟁은 불필요한 비극이었다는 것
아무것도 해결된 것이 없으며
수많은 인간들이 헛되이 죽어갔을 뿐
한 마을이 불이나 온 동네가 잿더미로 화한
아현동 산동네 가난했던 사람들
노고산 북아현동 복죽물 떠 마시던
애오개 사람들

12
폭력과 혁명을 좋아하는 사람들
한 세트가 되어서는 아니 되지만
아현동 직업학교에
인민군들이 진주하고 있었을 때
인민군들이 서로 간에
후퇴를 하자는 파와
서울을 사수하겠다는 파와
따발총을 들이대며 싸우는 모습을
어린 시절 숨어서 목격했었다
빨갱이라면
서울에서도 유명했었던 아현동

13
그래서
6*25 때 '솜틀집 아주머니'
외아들도 인민군이 되어 월북했다가

1*4 후퇴 때
자기 늙은 어머니 찾으러 남하했었지
"덴노 헤이까 반사이"라고
나를 놀리던 '노*안'의 형
'노*섭'이는
아현동 민청위원장을 하다가
월북해 버린 쓰러져가는 초막의
무명 성악가
그의 어머니는 언챙이
그래서 그의 가족 후손 중에도
언챙이가 또 있었지

로마노프 왕자여!
볼세비키는
선전 선동의 명수들

14
태백산에 눈날린다
총을 메어라 총을 메어······
빨치산은 넘고 넘어
눈에 묻혀 사랑이라

원수와 더불어 싸워서 죽은
우리의 죽음을 슬퍼 말아라
깃발을 덮어다오 붉은 깃발을
그 밑에 전사는 용감한 전사

더운피 흘리며 말하던 동무
쟁쟁히 가슴에 울리어 온다
동무야 잘 가거라 원하던 길을
그 밑에 전사는 용감한 전사

15
임화의 작시에
몸은 비록 죽었어도
혁명정신 살아있다

한밤중
깊은 산 속에 조그맣게 숨어있는
아지트 속에서
가는 나뭇가지로
작은 모닥불을 만들어
손을 쬐면서
우리는 밤이 깊은 줄 모르고
혁명가의 노래 불렀다

16
태백산맥(太白山脈)에 눈 내린다
총을 메어라 출전이다

북방의 나라 소비에트
인민이 다스리는 평화로운 나라

꼴호즈에 밤이 오면
춤과 노래 시작된다
춤과 노래에 엉키어서
즐거운 이 밤도 깊어가네

17
1946년
신탁통치 결사반대의 와중
반탁진영과 찬탁진영의 갈등
공산당은 수렁과 같아서
충성도가 약하면 해당분자
당의 기본 목적은 세포
공산당 지령을 거부하면 반동분자
이런 중에
좌익 혁명가 박헌영
공산당의 가장 투철한 이론가
그는 인과응보로
미제 첩자로 몰려 처형되었다

공산당에 가담한 자는
시련이 잇따랐다
회색분자는 더욱 더 그랬다

천만 이산가족의 얼이 담겨있는
통일각아!
비무장지대
싸우지 말고 승리하는 그날까지

서로 사랑했으면
통일
소뿔은 단김에 뺄 수 없을까?

엥겔스도 영국인
마르크스도 트리뷴 지에 영문으로
기고한 시인
그는 그 당시 국제정세에 밝았다

18
지리산 나는 설록차
빨치산들이 지리산 생활
부풀려서 선전하는 것을
삼가라

경성제대 출신의 이강국
김상용, 정태식, 이승엽이여

이승엽은 6*25 때 적 치하에서
서울시 인민위원장
했었지

19
아현2동
애오개에 불이 났다
초가집 마을

온 동네가 불타버렸다
다닥다닥 붙은 집들이
일제의 압제에서
벗어난 지 얼마 되지 않아서
이런 참변을 당한 것이다
세찬 바람에
어쩔 수 없어
잿더미가 된 것

그 열세로 봉래초등학교
화재만은 오고 갈데 없으니
그 학교 강당에 수용되었다

제 2 부

천 지(天池)

1

인연 있는 북방호텔 304호……
8월 18일 날은 연변도 비가 몹시 와
온종일 호텔 방구석에 틀어박혀
국내에서 정리 못한 원고를
바다 건너까지 가져와
고독에 떨면서 원고 정리했었지

8월 19일 토요일 새벽
어쩐 일인지 이방에 온 느낌이
아니 든다
호텔 긴 낭하의 형광불빛은 오늘따라
더 밝은 느낌이 든다
"죄송합니다.
내가 돌아오기 전에
오시는 분은 메모를 남겨주십시오"
이런 쪽지를 문에 붙였었지

백두산의 기류변화가
몹시 심하다는 말은
사전에 들어서
한여름이지만 두툼한 옷
그리고 차곡차곡 개어서
큰 호주머니에 들어갈
우비가 나에게 준비돼 있거늘
위대한 백두산에 비가 쏟아져도

자애로운 어머님은 날 보살필 것이니
오늘의 일은 하늘에 맡겼지

성스러운 백두산을 포옹하는 날
결단 내린 날의 중국시간 새벽 4시
고요히 잠든 북방호텔 빠져 나와
중국말 모르는 벙어리이지만
택시 기사에게
"뚱베야 빤텐"(동북아 반점)하니
유전기사는 내가 한국인이라는 걸 알고
"여기 와 계신지 오래 되셨나 보죠"한다

새벽인데도 버스 정류장에는
백두산 가는 인파로
하품들을 하며 붐비고 있었지

2
괜찮던 날씨 금새 안개가 끼기 시작
기후가 변화무쌍
중국을 두 번째 오지만
알다가도 모를 중국이여
언어 풍습상으로
지리적으로
혈연적으로
정치적으로 이북과 가까운 중국대륙이여
천진 항에서 만난 조선족 최군이여
그가 못마땅했었지만 참다

두만강에 발을 담갔던 나그네여
백두산에서는 화산석을
두만강에서는 검은 자갈
소중히 주워 온 나그네여
그래서 내 백은 더 무거웠었지
알 것은 다 알고 있는 조선족이여
우리가 보내준 쌀 15만톤도 알고 있었지
우리들의 경제부흥도 알기에
조선족 모두가 한국을 오고 싶어한다,
동경한다, 호주머니가 빈 날 따라온다

3
두만강을 사이에 두고두고
빤히 바라보이는 북한의 남양시
<국경>이란 푯말
산 중턱에 <속도전>이라는 표어
시인의 눈길을 끈다
백두산 가는 안도현 초입에서
9개의 깃발과 더불어 나부끼는
등소평의 "장백산에 오르지 못하면
평생 유감이로다"하는 선전문
"장백의 산과 물 세상에 드므나니 온 세상
벗들은 한 뜻으로 맞으리"라는
붉은 글씨의 선전 글귀
백두산 정상에서
산소 부족으로 느껴야 하는
고산병 증세여, 그래도 난 좋았다

16개의 백두산 봉우리……
그 중 5개는 중국 쪽에
11개는 북한 쪽에…… 우뚝 서 있다
장군봉, 향도봉, 쌍무지개봉, 백암봉
그러니 한국인에게는
몇 배 더 받는 것인가?
백두산 미인송(美人松)
밀림
백두산 거의 다가서
우리나라 대기업의 입간판
눈에 띄인다

4
해돋이 압록강 떠오르는 아침 해
그림 같다
우리나라 경주의
토함산 해맞이 생각에
불현듯 향수병에
걸린다
감당할 수 없는 향수병
등대 불이 비추듯이
압록강의 해돋이는 진정 일품
물 위에
불을 당긴 듯
수면 위가 불에 타는 듯
잔잔한 물결의
해돋이 찬란하다

5
두만강 변의 진달래
북방의 매운 추위에 시달려서인가?
진달래는 강변에 피었건만
날씨는 맵다

한국에서 보는 진달래
이곳에서 보는 진달래
매일반이지만
더 정겹다

찬바람에 핀 그 꽃이
반가운 이유는 무엇일까?

여기는 중국의 도문시
두만강 물줄기 건너서는
이북의 남양시

그쪽
산모롱이 역시
진달래가 피어 울긋불긋

6
연길의 밤
휘황찬란한 불빛
음습한 곳
명암이 엇갈리는 곳

이국의 정취 풍기는 것만 다를 뿐
연길, 연변도
장미꽃이 피고 지는 곳
카페의 조용한 불빛에서
만난
K여인
그녀는 목단강이 고향
하얼삔을 따라간다고 하던
28세의 조선족 여인이여
숙소로도 찾아와서
징표로 겨울 목도리 선물했지
소식도 알리지 않고
새벽바람 쏘이며
하얼삔으로 떠날 때
약속 위반했었지

7
백두산 천지
어쩌면, 어쩌면 그럴 수 있을까?
파랗다 못해 새파란 물이 함지박속에
한데 모아져 있는 듯한
백두산 천지물이여
연길에서 멀기도 멀어라
당일치기로 다녀오는 강행군
새벽 4시에 북방호텔을 빠져 나와
동북아 호텔 옆 버스 정류장에 이르니
벌써 와 기다리는 사람들

백두산까지 가는 버스표를 사려고
아비규환
대형버스가 아니었다
중형버스
내일 표를 사 갖고
버스 기사와 버스 차장의 양해를 얻어
운전석 바로 자리도 아닌 곳에
주저앉기로 하고 중형 버스를 탔다
내가 중국말을 모르고, 또 풍기는 모습이
한국사람 같아 나의 편의를 봐준 것
나는 한국에서 오래 전부터
백두산을 오려고
나 혼자 준비작업을 했다
뿐만 아니라 사전정보도 입수
백두산 천지
정상은 춥다는 것
그리고 기후변화가 심하다는 것

8
그래서 한국에서 올 때
가을 겨울에 입던 청색 웃옷
가을 겨울에 입는 바지
우비까지
세심하게 준비를 해 갖고 왔었던 것
아니나 다를까 백두산 천지, 백두산 폭포를
향하여 차가 출발하기 전부터
굵은 빗줄기가 사정없이 쏟아지는 것이다

나에게 있어 중국이라는 나라는
초행길이 아니라
두 번째 방문이지만 그래도 낯선 곳
버스 안에서 쏟아지는 빗줄기를 보며
우비를 미리부터 갖고 왔지만
모든 것을 운명에 맡기겠다는 생각뿐
허나, 내 성격, 내 성품 그대로
담담할 뿐.

9
조선8경의
하나인 백두산

명산 중의 명산
백두산

사계가 늘 흰 눈이
山마루에 덮여있다 하여
백두산(白頭山)이라
명명된 장백의 얼
이 민족에게
불굴의 기상
불어넣어 주었다

피곤한 몸으로 다시금
연길 북방호텔 돌아오던
야밤의 버스 안

버스는 연길 뚱베야(東北亞)
호텔 정거장 돌아올 때,
버스 안에서 만난
조선족 女人

10
빗속의
백두산 갈 때는 잘 몰랐었지

돌아올 때
시인의 옆자리에 앉은
30代의 조선족
중국인에게 무엇을 잘못했었던지
아니면 자기 나라라고
텃새를 하는지
차를 몰고 쫓아온
젊은 두 사람
차를 세우더니
그 이유를 모르는 한국 청년을
밖으로 끌어내려
구타를 한다
중국말로 씨부렁거리며
구타를 한다

도시 영문을 알 수 있어야지
돈 때문에 그러는 것은
분명한데

무슨 요금 시비 때문에
그러는 듯
무척 먼 거리를 쫓아와서
보복을 하는 것 같다

11
뚱뻬야 판땐(東北亞 호텔)
정거장에 닿으니
연변의 밤
자정 2시쯤
서로 인사할 겨를도 없이
부리나케 택시를 잡아타
북방호텔에 도착

택시요금 10元이면
충분한데
20元 요구한다
그래서 없다고 하면서
10元을 주며
그냥 내려버리다

12
시인은
호텔 문이 잠긴 줄 알고
시험 삼아
호텔 정문을 발로 밀어보니

삐끗이 열린다
곤히 자는 종업원 깨워
방문 열어달라고 하지 않고
곤히 자는 종업원
깨우기가 뭣하여
3층 카운터에서
64의자를 길게 깔고는
피곤한 눈을 부쳐보려고
누우니
나무의자 딱딱하다
이때가 자정 2시 30분
아침 7시경이나
내 숙소로 들어가다

13
도문강
중국에서는 "두만강"을
"도문강"이라고 부른다
북한 쪽 강변 가장자리에서
낚싯대를 드리우고 있는
북한 낚시꾼에게
"어이"하고
부르며 손을 흔드니
북한 낚시꾼 역시
나를 향하여
"어이"하며 손을 흔들어 댄다
그래서 이번에는 영어로

"I am Korean"
하고 소리친다.
이 말은 못 알아 듣는 듯
응답이 없다

14
그런데
두만강 변 그 우거진
수풀 속에 공중변소 없어
들똥 쏟아놓은 것이
여기저기

그때 가보니
두만강 변에
관광단지를 조성하여
관광객을 유치한다고
불도저가
정지 작업을 하고 있다

나와 동행을 했었던 분은
조선족 J시인

16
우리나라에서 어떤 분 하시는 말씀이
땅덩이 좁은데 인구가 너무 많다고
푸념 비슷한 말씀하시는 분들

중국(中國)을 가보시면
그런 말은 쑥 들어가리

아무리 대륙이 넓다 해도
12억 인구 상상해 보시라
어쩌면 12억이 더 되는지도
모른다고 한다

그래서 중국은 인구정책에
눈 뜬지 얼마 아니 돼
조선족은 두 자녀 이상을
두면 벌금
한족은 한 자녀 이상 둘 수가 없다

하얼빈 거리엔 산아제한 큼지막한
계몽표어가 한창

중국은
Many People(많은 인구)공화국

17
내가 갔었던 그 해 여름은
두만강 물도 흙탕물
호텔 욕실 물이 흙탕물
그리하여 그 거대한 나라도
우라 나라처럼 生水가 인기

제일 처음에는 일부러 그런 물을
공급하는 줄 알았다

그리하여 그런 물에서
두어 번 목욕을 했다

나중에 하도 궁금하여
시인 K兄에게 물어보니
심한 장마 통에 물을 공급하는 기계가 망가져
그렇다는 것
그래서 그곳도 항의가 심하여
TV자막으로 시민들에게 양해를 구한다는
말 듣고 수긍을 했었지

18
중국대륙
우리 나라는 중국에 비교하면
상대가 아니 되는 영토지
그래서 그들은 이것으로 승부를 거는 것
내세우는 것 실제 평균적으로
국민생활이
우리 수준에 미치지 못하지만
대륙성 기질이 있어
무한한 잠재력 있어
외양보다 내실 있어 강대국인가?

이것은 깨끗이 인정해 주자

19
망망한 바다
망망한 바다에 견주면 인간은 한갓
검불에 지나지 않아

망망한 바다의 하얀 파도를 가르며
텐진(天津)항을 향해 전진하는 천인호(天人号)

1995년 8월 9일.
오후 1시 서해안 인천부두 출항

2등 객실 칸에 시인이 타고 있었지
묵묵히 깊숙이 모자를 쓰고서⋯⋯
지방대학 남녀 학생들과 한 방이었지
중국을 향해 떠나는 天人号

시인은 3번째 가는 중국 행이기 때문에
이미 중국에 대한 호기심, 두려움, 신비감은
망각했었지
다만, 목적 달성을 휘해서 지난 번에 가서
이미 자리를 익혀 두었기 때문에
외국을 간다는 기분이
나지를 않아 이웃집 마실 가는 기분

솔직히 말해서 天人号 거대한 여객선 안에서
한국 아가씨들보다 중국 아가씨(쑈제)에게
눈길이 감은 어쩔 수 없었지
서로 마주치는 눈길, 눈길

天人号는
한중 합작 투자로 조성한 여객선

20
빠징코 오락실
국제전화 거는 곳
목욕실
면세점 상점
가라오케
휴게실……
지루하면 호올로 선상에 나와
달리는 天人号에서 외로히 떠있는 섬을 바라보며
묵상에 잠기면 세상 근심 걱정 사라지지

21
여객선 안에서 만난 S씨
S씨는 한쪽 눈퉁이 있는 부위가 퍼렇게 부었다
그는 나보다도 머리칼이 더 길었다
아마, 그와 나와의 만남의 인연은
서로 동행인이 없다는 공통점도 있겠지만
서로 머리칼이 남보다 유달리
길다는 점이다

천진 항 부근의 음식값은 비쌌다
난 비싸다고 말했고 S씨는 천진 항 부근이기
때문에 비싸지 않다는 것이었다

그 음식점에서 늦게 저녁 식사를 마치고
천진 항 부근 밤거리를 S씨와 산책
럭비공처럼 생긴 중국 수박을 사먹다
"가라오케" 안을 들여다보니
손님은 한 사람도 없는데
중국 음악소리만 요란하다

22
다음 날
난 연길 가는 기차표를 사기 위해서
S씨는 서안(西安) 가는 기차표를 사기 위해서
중국 10대 도시에 드는 천진 시내를
차를, 허름한 차를
두 번씩 갈아타면서 나오다
이것도 꽤 먼 거리
버스 값도, 기차 삯처럼
두 배를 달라는 것이다

차장이 여자가 아니라
허름한 중년 남성
우리들이 한국사람이라는 것을 알고
우리들더러 두 배 값을 내기 싫으면
중간에 내리라는 것이지

아무리 중국말을 모를지언정
무슨 소리한다는 것
알 수 있었지

23
천진 항에 다시 올 때도 마찬가지

처음 중국에 왔을 때는
사람들이 자꾸 쳐다봐서
창피해서 얼른 주어 버렸지만
이젠 배짱이 생겨서
시인의 앞에 서있는
중국 아가씨에게 장난을 걸며 시간 끌기 작전

처음 중국 왔을 때 기차 값을 자그마치
인민폐로(Ren Min Bi)로 120元
배로 내라고……
바가지 쓰는 기분

24
집에 두고 온 모기향 생각
어쩌면 이리도 생각나는가

서울에서 준비해 갖고 온 대형 전지를 켜 놓고서
메모를 하는 내 버릇

새우 잠을 자다
천진 항 역사의 대형 시계
새벽 4시 20분
공안(公安)이 보면 뭐라고 그럴까 봐
짐을 챙기기 시작

25
천진 시내로 나올 채비를 하다
천진 시내에 도착했을 때
갑자기 억수로 쏟아지는 비
비를 피하기 위해서
천진 우체국 안으로 들어가다

26
북한 화폐와 우표들
우표는 허나, 진짜가 아닌 가짜
노폭이 좁은 두만강
백두산 폭포에서 흘러온 물
이리하여 간도 땅 만주 땅에 안주한
내 동포들이 보고 싶었지

중국에 가서
옛날 이 땅이 우리의 선조
고구려와 발해의 땅이었다고
말을 하면 그들은 싫어한다
이 사실을 물어보는 조선족 청년이 있었다
그래서 그런 말 삼갔었지

27
중국이라는 나라
한번 기차를 타면 28시간, 14시간
어떤 때는 기차 안에서 하룻밤 자야 한다

그래서 침대 칸이 인기
침대 칸을 차지하지 못하고 입석자리를 탔을 때
어쩔 수 없이 앞 좌석에 앉은 사람과
대화를 해야 한다
어떤 때는 30대 조선족 젊은 친구와
마주 앉게 되었다
"한국 기업체에서는 서로 대화할 때
영어로 한다는 데……"
"그건 그렇지가 않습니다. 평소에 그러는 것이
아니라 국제화 세계화 시대에 발맞추기 위해서
아침 회의 때, 그렇다는 말을 들었습니다."
"중국에 한국 기업체가 많이 진출하지
않았습니까? 그런데 우리(조선족)를 이용한단 말
입니다."
시인은 이 말을 듣고 주춤
한 동안 달리는 차창 밖을 바라보다
"어떤 이유에서 이용한단 말입니까?"
"월급 차이에서부터 조금만 결근을 해도
그것을 트집잡아 해고를 시킵니다."

31
처음 중국에 갔을 때 주로 침대차를 타고 다녔다
그러나 두 번째 갔었을 때는
기차표 사기에 무척 애를 먹었다
사람 홍수에 이리 채이고 저리 채이고 했다
이리하여 거부감이 일어남은 어인 일일까?
길거리 당구장이 설치돼 있다

노천에서, 먼지구석에서 당구를 치는 중국인들

겨울에 중국에 왔을 때는
백두산을 가지 못했었다
그리하여 나는 한국에서 백두산을
다녀온 분들로부터
사전 예비지식을 얻었다
높이가 2740여m를 남겨놓고 차가 올라간다
내가 이번에 중국에 온 것은
실은 이 백두산 때문에 왔다고
솔직히 고백하는 것이 나을 법하다

32
언제부터 결행의 날 별러왔었던 나!
자꾸 시간만 끄는 감이 들어
8월 19일 토요일 날을
백두산 가는 결행의 날로 정하다
드디어 결행의 날이 다가왔다
한국사람으로서 이국에 온 내가
이렇게 잠을 제대로 자지 못하고
설쳐대는 이유를 나로서도 이해가 가지 않았다

33
이곳 와서
한국 대구에서 왔다는 두 남녀 대학생
그들로부터 경비가 350원쯤 들 것이라는 말과

백두산 가는 버스를 "동북아호텔"옆
버스 정거장에서
타면 된다는 말을 들었다
8월 19일 새벽 4시(중국시간)
북방따쌰 304호
나는 제대로 자지 못한 눈을 부비며
백두산 가는 버스를 타기 위해서
새벽공기 가르며 택시에 지친 육신을 실었다
태양이 떠오르기 전인데도
백두산을 가기 위해서 모였다

34
벌써부터 사람들은 웅성거리기 시작
길손뿐만 아니라 다른 분들도 聖山을 보기 위해서
이렇듯 부지런함에 감탄을 금할 수가 없었다
그런데 표를 사는데 어쩌면 이렇게도
질서의식이 없단 말인가?
한 사람이 8장, 9장을 사는가 하면
새치기 꾼 때문에
줄을 선 나로서는 별 진전 없이
제자리 걸음만 걷는 것에 분통이 터졌지
허나 참을 수밖에 없었다
벙어리인 길손은 우왕좌왕했다
가까스로 표를 샀으나
이미 오늘 것은 벌써 매진되고,
내일 표라는 것을 모르고 버스를 탔더니
아니 된다는 것

손짓발짓 해가며 아무데나 끼여서 갈 테니
묵인해 달라고 한다
그리하여 운전석 바로 옆에 걸터앉게 되었다

35
원시림 속을 달리는데
엉덩이가 뜨겁지를 않던가?
중국에 와서 길손이 느낀 점은
그 넓디넓은 벌판에 옥수수 밭이 많다는 것과
가로수가 아름드리 나무들
이런 곳을 버스가 달리는데
난데없는 비가 억수 같이 쏟아진다
쾌청한 날씨가 돼 백두산 천지를 봐야 할 텐데
이렇게, 이렇게
비가 쏟아지다니 택일을 잘못했는가
길손에게 이런 생각이 들었다
"백두산 천지"는 기후변화가
심하다는 말을 들었고
온도도 평지보다 춥다는 말을 들었었기에
난 두툼한 옷으로 무장을 했다
만약의 경우를 대비해서 얇은 천 우비까지
준비돼 있었다
그런데, 어찌된 일인가?
이렇게 비가 쏟아지는 것
이 버스를 탄 분들은 전부 백두산 가는 분들인 듯
버스 기사와 버스 차장의 오고 가는 대화가
심상치 않아 조선족 아주머니에게 물어보았다

"부부"라는 것
끝도 없는 시원림(始原林) 속을
두 시간쯤 달렸을까?
억수같이 쏟아지던 비는 멈추었고
쾌청한 날씨로 변했어라
하늘이 백두산 천지를 보라고
나그네를 돕는 듯했다
밀림, 밀림, 또 밀림
밀림의 연속이여

36
중국 천진항
천진항객운(天津港客運)
천진항 광장
1995년 8월11일 (음 7월 15일 金. 밤)
이날 천진시내에서 중국인에게 장발을 이발한 날
그날 늦게 천진항 조선족 음식점에
밤늦게 돌아온 날은
여자 버스 운전수에게 봉변을 당한 날
S씨와 더불어 짐을 들고 나와 왕모가
등쌀에 시달리면서 천진항 광장에서
텐트를 쳐놓고 잠을 못 잔 날
28시간의 장거리 기차 여행, 바가지 요금.
따라붙는 쓰리꾼
연변의 다방
연변의 카페
연변의 가라오케

아, 장백산 천지는 증언하리

37
들판엔 왠 옥수수 밭은 그렇게 많은가?
옥수수 밭 뿐이 아니라
그렇게도 해바라기를 심었다
우리들은 입에도 대지 않는 해바라기 씨
기름에 볶아서 거리에서 팔았었으며, 씨를 여자나
남자나 노소 가릴 것 없이 까먹는다
난 내 어린 시절이 생각났다
해방공간의 그 어려운 어린 시절에
해바라기 씨를 따서 까먹었던 시절
지금은 입에도 대지 않지만
그 당시 해바라기 씨를 까먹고 나면
입술이 까맸었다
그러한 해바라기 씨를 중국인들은
열심히 까먹는 것이다

천진에서 "도문"까지 가는 도문행 기차를 탔다
주변의 중국인이 그렇게도 열심히 까먹기에
나도 오랜만에 껍질째
우물우물 씹어보았다
난 그들에게
"지금, 한국에선 해바라기 씨는
먹지도 않으며 해바라기 씨는
동물사육용으로 쓰인다는
말을 했었다

제3부

삼각지 외인부대

38
삼각지 외인부대

아침 햇살이 없는 적치(敵治) 3개월 동안
고스란히 그들에게 시달리면서
학교 동원 차출되어 어린 나이에
혁명 시인 이찬이 작사한
'김일성 장군' 노래 불렀다

장백산 줄기줄기 피어린 자욱
절세의 애국자가 누구인가를
절세의 애국자가 누구인가를
아아, 그 이름도 그리운
김일성 장군
아아, 그 이름도 그리운 김일성 장군

철없었던 시절, 이 노래를 부르며
6*25의 참화가 널려있는
미군이 버리고 후퇴한 미8군 기지
삼각지 외인부대
그때도 땔감이 부족하여 멜빵을 끈으로 하여
도보로 아현동 집까지 갔다
6*25 전쟁이 지난 지금까지
그 땅, 그 곳은 현존하고 있지만
총부리와 전투모가 잡초 동산에 지금도 무사히
돌아보는 사람 한 사람 없이
꽂혀져 있다

미8군이 버리고 미처 후송하지 못한
구리스 깡통
모터 엔진
군용삽
군용화
폭격에 맞아 으스러진 군용열차 등
이런 전쟁의 파편
이런 6*25 전쟁의 상흔이 아직도
뇌리에서 맴돌고 있다
카오스여 물러가고
화평의 그날은 언제 올 것인가?

39
지금 살아있을까?

피를 뿌리는 아비규환
김일성의 불호령……울부짖음……
"끝까지 서울 최후의 사수!"
허나 전세는 기울어져 있었다
적장 최용건
무용가 최승희의 남편
시인 안막
서울시 인민위원장 이승엽 등
그들이 발악을 해도 유엔군 앞에서는
물거품

전쟁터 끌고 갈 젊은이들 찾아서

내무서원(경찰관)들은 혈안이 되었다
붙들려온 부녀자들은
인민군들의 사기를 북돋기 위해
목이 터지라고 아현동 마루턱에서
임화(林和) 작사의 "인민항쟁가"
"빨치산 노래"들을 불러댔다
지금 그때의 함포사격 소리에 고막이 멍멍하다
그때, 애오개에서 같이 자란 코흘리개
북에 가선 무엇들을 하는가?
1*4 후퇴 때였다
야밤에 피리 부는 중공군이 개입했을 때
아군이 두 번째 작전상 후퇴할 때
인민군이 된 그들이 부모 만나러
고향 찾아왔었다는 소식
지금 北에 살아있을까?

40
군용열차

이마의 이랑마다 전부 60객들
욕설이 유행이던
쌍소리가 상용어이던 검은 날개여
쫄병에게 욕을 하시던
그 장교님, 지금쯤은 손자의 등을 두드리며
어둡던 그날의 추억에 잠겨있을까?
그 용산 역을, 새우젓 풍만한
중고등학교 시절 光明里에서 기차를 타고 내리며

기차통학 했었지
그날의 아팠던 흔적 하나 없다
그때보다 확장된 용산역
혼돈의 그 시절, 구름다리도 없었다
군인들의 안식처였던 용산역이
우이동 골짜기에 울려 퍼져난다

41
인천상륙 작전

얼마 가지 않으면 기상대 앉아있고
고등학교 옆을 끼고 있었던 그 집
출렁이는 바다가 내려다보이던
그 유서 깊은 일본 집이여

지금도 인천상륙을 하기 위해
그 어마어마한 군함의 함포 사격소리
내 귓가에 생생하지
잊지 못할 한국전쟁

언제나 평화의 비둘기 날며
평화의 나팔소리 들려올 것인가?
군용열차, 군용 삽, 군용화, 구리스 깡통
모터엔진이여, 안녕.

48
서울 시가전

서울 전역, 길거리마다
시가전을 위해 파놓은 참호
인민군들은 총대 붙든 채
개 그슬려 놓은 모양으로
개죽음들을 했었지
데모대들이 지나간 그 거리들은
평범한 무덤의 거리들……

그 거리마다 파놓은 참호들
서울 수복 후 메우면서
인민군 산더미 시체들 처치할 곳 없어
그대로 묻었지
이리하여
지금도 서울의 가로수들은
잘 자라고 있다

49
성묘 가는 길

"국방군이 어디 있느냐?"
북한은 '국군'이라 하지 않고 '국방군'이라 했다
뒤이어
"여기 큰 벽돌집을 어디로 가느냐?"고
묻는 것이었다

처음에는 그들이 '큰 벽돌집'이라고 말해
새벽잠 덜 깬 사람인 양
무슨 말인가 의아해 했었지
그러나 금새 알아차릴 수가 있었다

서울 입성의 공산군 선발대들
이때가 6*25 오전 중이었다
그네들은
'마포형무소'를 '큰 벽돌집'으로
표현했었던 것이다
만월산(滿月山)으로 말입니다
난 그때 얼떨결에 나막신을 신고 있었다
품에 안고 있었다

아버지, 아버지, 돌아가신 아버지
남북통일이 되면 성묘하겠습니다

50
통일은 임진강 민들레 꽃씨

통일은 이루어지지 아니하면
언제까지나 언제까지나
떨어져야 하고
방언도 그치고
지식도 폐할 것이다

우리들이

부분적으로 말하나
통일이 올 그때에는
부분적으로 말하던 것이 폐하리라

우리들이
생각하는 것이 어린아이와 같다가
통일이 되어서는
어린아이의 생각을 버릴 것이다
그날에는
얼굴과 얼굴을 맞대어
기쁘게 악수할 것이다

이제
민들레 꽃씨도 날아서
북으로 북으로 날아가는데
통일. 믿음, 소망
이 세가지는
항시 있는데
그 중에 제일은 통일이어라

51
고향을 떠나서

천만리를 달려가고픈 곳
나를 오라고 손짓하는
그리운 사람들이 사는 곳
버들피리 불며

갯가에서 물장구치고
엄마소가
한가롭게 노니는
내 고향 개성

나는 지금 고향을 그리며 있다
도문에서 건너오는 동포들을
눈 내리는 날 보았을 때
고향이 더욱 그리워
아, 그리운 고향이여
선죽교의 절개와
정몽주의 피가
피가 흐르고 있는가
남북통일의 그날이여
어서 어서 오라
그리하여
고향집을 가자

52
귀향의 편지

행마동에 살고 계시던 외삼촌 장흥재씨
막내가 안부 전합니다
제가 어렸을 때, 마포 아현동 저희 집으로
자주 놀러 오시던 생각이 지금도 또렷이 납니다

그런데 해마다 어김없이 한식 날이 다가올

때마다 절실히 느끼는 것은 개성 선산에
모신 저희 아버님 산소에 대한 걱정입니다
지금 어느 분께서 저희 아버님 산소를
돌보고 계신지요?

원한의 휴전선만 가로막히지 않았다면
지금 당장이라도 달려가서 아버님의 묘소를
돌보련만 그렇지 못한 형편이니 절통할 뿐입니다

이뿐만 아니라 버드내 이씨, 저희 집 초당(草堂)에
살고 계시던 이일영씨 안녕하십니까?
저를 기억하시지 못하시겠지요?

어려서 가본지 하도 오래되어서 아버님 묘소가
그대로 남아있는지 아니면 아예 흔적조차
없어졌는지 알 길이 막연합니다

하지만 저희 아버님 묘소가 그대로 보존돼
있다면, 저희 아버님 묘소를 잘 돌보아 주시고
한식(寒食) 때 술이라도 한잔 올려서
아버님의 영혼을
위로하여 주십시오

이제 분단 44년!
이 분단의 아픔을 무슨 말로 표현해야
좋겠습니까?
이곳에 와계신 종원씨, 종필씨, 혁로씨
강화에 계신 수근씨, 부천에 계신 영근씨 등

그곳 개성에 계신
덕영씨, 규영씨, 종복씨, 장근씨도
두루 안녕하신지요?
저희 요즘 고향에 대한 그리움으로
밤잠조차 못 이루고 있습니다
하루 속히 통일이 되는 그날
반갑게 찾아 뵙기를 기원합니다
안녕히 계십시오

53
북쪽 하늘

두만강 가기 전날
윤동주 시인 묘소 참배하고
도문역에서 인력거 타고
조심조심 가보던 도문강 다리
두만강 철교여
벌목 실은 트럭이 넘나드는 모습
눈보라, 해보라, 구름 속에서
몰래 숨어서 바라볼 때
마음 흔들리고 통일 바람 불었다
김옥경 쑈제
하얼삔, 흑룡강성 중산로 224
'천룡초대소 403호'
쓰링싼(403호)이 울고 있구나
나를 부르는 그 울림
그대의 목소리 그리웁 듯

송악산 마루의 흰구름은
옛날이나 지금이나 변함없이
그대로 흐르고 있다고 리병철 시인
꿈속에서 말했지

54
두만강 다리 아래서

눈 내리는 날
꿈 속에서 만나고 도문강에서 만난
리병철 시인은 말했었다
통일 되면 도문 강 다리 위에서
다시 만나자고……
그리하여
나는 그의 대표작
'나막신'을 도문강 다리 위에서
낭송했었지
그러고는 꿈속에서 그와 헤어졌다
월북 시인 임화(林和)를 따라서
월북한 리병철 원로 시인이여
도문강 다리에서
보퉁이를 든 아주머니
북한에서 건너오는 모습
카메라에 몰래 담았을 때
이를 본 중국군
자기가 찍힐까 두려워 초소 안으로
숨었었지

눈이 덮인 도문강
꽁꽁 언 도문강 반쯤 내려가
렌즈를 북쪽 "남양시"에 들이댈 때
그곳까지 꿈 속에서 따라오던
아가씨 김옥경
쑈제 김옥경
한국 사람이
왜? 그렇게도 통이 크지 못하냐고
당돌하게 충고를 하던 김옥경
25세의 아가씨여 쑈제여
난 지금 너를 잊지 못한다
한반도에서 부르는 이 노래
만주 벌판까지 번져갈 때
쑈제의 응답 통일처럼 있을 것인가
얼굴 두 손으로 가린 네 모습
삼삼히 떠오른다
긴긴 까아만 머리칼은 허공에 닿아
고향 산천에도 이어질 것이고
너의 희디 흰 살결에
'통일' 두 글자를 쓰고도 남겠지
눈 나리던 그 거리 그립다

55
우리들의 깃발을 날리자

아아!
외세의 침략에 울고 울어야

했었던
5천년 한반도의 숙명이여

그 예리한 판단력과 두뇌 집단들이
둘이 하나가 되면 아세아의
최강국이 된다는
한반도여!

한반도여, 어서 빨리 둘이
하나가 되자
흩어진 둘의 힘보다는
뭉쳐진 또 하나의 힘이
더 강하다는 이 진리에
하루빨리 눈을 뜨자

남도 북도 없이 하나가 될 때
세계는 한반도를 두려워하는
눈초리로 바라본다

조그마한 한반도여!
삼국시대의 고구려 땅이
거대한 만주벌판
그때 백의의 얼은
지금 어디로 굴러 떨어졌는가?
둘로 갈라지면 심연의
구렁텅이로 떨어지는 밤

그대들은 아는가?

압록강이, 두만강이, 금강이
한탄강이, 송화강이, 한강이
낙동강이 합쳐 흐를 때
수력발전소의 힘은 더 커지는 법을……

방울방울 눈물짓는 시인의
목 매이는 이 절규
이루어질 때
경제부흥도 핏줄의 다함 없는 정(情)도
활짝 꽃피워지리

아야, 둘이 하나되어
한 몸 되어
평화를 이루어보자

56
앞산아 당겨라 뒷산아 밀어라

소년시절
우뚝 솟은 구름산
고요에 겨워
싱싱한 나뭇가지 가지
그 영화 감추는 무더운 한 여름
나무들 위안도 싱그러워가는
산들산들 산들바람 부는
구름산

온 산 모든 나무 몇 십 배
커져서
온 산의 풀숲을 이루어
지는 나뭇잎들이
고요히 명상에 잠긴다

천만년
말이 없는 아기능
거센 바람 인종해 온 나그네

하늘만 우러러 거짓없이
사는 구름산
구름산, 그래서 너그러운 마음
늠름한 품이 아쉽다

지난날
이 산에서
산딸기 따먹던 생각
지금, 그리움에 떠누나

앉은뱅이 소나무 거목이 돼
솔내음 풀내음이
칡넝쿨에도 평화
숨어있어 땀방울에
구름처럼 떠있는
아기능의 넓은 도랑

저수지가의

낚시꾼들

57
하얼삔의 인상(1)

러시아와 인접한 도시
흑룡강성의 성도(省都)
송화강의 연안에 있는 도시
난 장춘(長春)을 거쳐서
한 겨울에 그곳을 갔었지
북만주로 가는 철도를 달려서
한밤에 하얼삔 역에
내렸었지

동행한 K군은
말했었지
인구 160만 정도라고 했지
백두산 천지로부터
하이얀 물이 흘러
북으로 흘러 흘러 '눈강'과
합류하여
'아무르 강'으로 빠지는
안개 낀 송화강이 있었지
송화강 연안에는
길림, 부여, 하얼삔,
차무수 있었지

얼음의 축제
'빙궁(氷宮)'을 밤에 K기자와
더불어 가서 즐겁게
감상하며 여기저기 촬영

그날 밤
난 그곳에서 '김옥경'
쑈제와 담소하던 곳
하얼삔의 빙판 길
지금 생각난다
다시 가보고 싶다

58
하얼삔의 인상(2)

고국에 편지를 하기 위해서
남강로 우체국 꽤 먼 거리
매일 일부러 운동 삼아 걸어 다녔지

라일락 꽃이 시화(市花)이기에
마을마다 거리마다 고목이 된
라일락 꽃 향기가 코를 찔렀지

아침이나 밤
그들의 습성화된 남녀노소의 사교춤
그들의 춤추는 광경
공원이나 빈터

어디에서나 눈에 띠었지
아마 우리나라에서 그런다면
미쳤다고 할 것이지만
그네들은 그것이 생활화 되어 있었지
이리하여
그런 광경이 벌어지고 있는 곳에서는
발걸음을 멈추고 한참 구경했었지

처음
하얼삔에 발을 들여 놓았을 때
그렇게도
사람들이 많이 모여있기에
무슨 일인가 했었지만
중국 고유의 음악을 틀어놓고
흥겹게 추는 모습은 진실로 가관

하얼삔,
흑룡강(黑龍江) 신문사 초대소 내 숙소
내 숙소는 하얼삔 문화계 인사들의
사랑방 역할을 했지
한가한 날, 심심한 날
내 조국이 그리워지면
송화강가를 거닐었었지
밤의 꽃의 유혹을 받으며
밤거리를 헤매기도 했지
말이 통하지 않아서 애먹는 일은 없지
필담(筆談)이면 다 통하니까
하얼삔에서 목단강을 갈 때도

기차표 사는 것이
하늘의 별따기보다 더 힘든
중국대륙

59
숲을 떠나 흐느끼는 새

그래서 바람소리
세상은 변했어라

이승철 산지기 영감은 지금
하늘에 승천하시고
이모란은 이민을 사랑했다네

이모란은 개안수술에 성공했고
도영신 회장 가냘픈 목소리

이모란이 자기 딸이라고
이효자 아내 앞에서
안과의사 이세옥 앞에서
모란이 다름아닌 자기 딸이라고
고백을, 숨김없는 고백을 했다네

모란의 두 눈의 광채

각막수술 성공 만세
안구은행 만세

60
시인 한 하운 선생님께

화창한 이 봄날에
울어 예는 파랑새여

한 맺힌 그대의 쓸쓸한 무덤 앞에
죽어서도 외로운 그대의 무덤 앞에

우리 고개 숙여
한잔 술을 따르네
남실남실 한잔 술을 따르네

한잔 술이 아쉬워 빗길을 울며 가던 시인이여
그대 빗길을 쉬어서 가게
그대 빗길의 주막에서 편히 쉬어서 가게

우리 경건히 고개 숙여
한잔 술을 따르네
남실남실 한잔 술을 따르네

그대의 서러운 삶은 우리의 것
그대의 애절한 사랑은 우리의 것

우리들의 그리움을 술잔에 부어
그대 무덤 앞에 술을 따르네
우리들의 영원한 시인이여
아! 우리들의 파랑새 시인이여

61
나의 사랑 날개

옥경에게

당신의 빠알간 입술
고웁게 거울에 비칠 때

그대의 가리워진 커튼에
옷 벗는 나신의 모습이
비춰진다

그대의 외로움
그리고 그리움이
오롯이 피어날 때

그대의 두 눈빛은 영원한 추억의 女人
옷 벗는 여인이여

62
추락하는 사랑

김화에게

그대 사랑 삼삼하여라
사랑의 밀회
애틋한 사랑의 밀회

그대는 떠날 때
뒤돌아보지도 않고 떠났다

후회하지 않겠다던 그대
눈을 두 번 맞추며
가는 한숨 지었다네

지금
환한 달빛이 마음 속에 있구나

63
다산 정약용

'다산'이라는 이름이 좋아서
'다산'이라는 이름을 가진 다방을
한때 내 주거지와 멀어도
드나든 적이 있었지

남한강
북한강 양주 쪽
'다산 정약용' 축제가 열렸을 때

그 축제 한마당
축제가 열리는 한 귀퉁이에서
'시와 시인사' 저작물들을
싸인 판매한 일이 있었지

그런데 오늘은 숲이 우거진
한 많은 뻐꾸기 울음소리 따라
다산 정약용의 묘소 가는 길
로방을 '누비라' 차를 타고 달린다

저자 소개

萬里 이종석(李鍾奭)

-1936년 서울 마포 출생
-1963년 일본 재일교포지 <한양>에 <바닷가에서>, <도정><이 땅의 흙 한줌>을 발표, 문단 데뷔
1966년 1월 김정숙 여사와 결혼
1966년 한국문인협회 시분과 회원
1975년 <이종석 시집> (현대문학) 발행
1981년 <사는 날까지 그대에게 사랑을> 간행
1984년 <나는 나는 죽어서 파랑새 되리>
       (시인 한하운 평전) 간행
1985년 <구름산과 우매한 나비> 간행
1988년 <달리는 열차 속에서> 간행
1991년 <두 시인의 사랑> 간행
1997년 <내 노래의 날개 위에>
       흑룡강조선민족출판사 간행
2001년 <당신의 새벽> 장편소설집 간행

마포 중*고등학교 졸업
한국신학대학 졸업
연세대학교 교육대학원 고위자 과정 수료
연세대학교 총동문회 상임이사 역임
한하운 추모기념사업회 회장

백두산 (白頭山)

펴낸날 / 2020년 10월 30일
지은이 / 이종석
펴낸이 / 이장영
펴낸곳 / 도서출판 교원사
등록번호 / 265-98-00716
주소 / 인천시 마전로 99번길 17, 404호
전화 / 010-7416-7127   팩스 / 050-4016-7127
E-mail / rhiejang19@gmail.com

ISBN 979-11-969194-0-5

값 7,000원